我的第一套视觉百科

生物的进化

张功学 ◎ 主编

陕西新华出版传媒集团
未来出版社

前言

我们生活的地球是一个生机勃勃的世界，亿万种纷繁复杂的生物，让地球充满了无限活力。天空、海洋、沙漠、极地等，各处都活跃着各种各样可爱的动物；在高山、原野、森林、草原等处，植物以它特有的形态覆盖着大自然的各个角落……多样性的生物不仅维持了自然界的持续发展，而且成为人类赖以生存和发展的基本物质条件。

我们知道，在几十亿年前地球诞生之时，这是一个没有生命的无机世界。大约过了10亿年的时间，地球上才出现了简单的原始生命。正是因为有了这最初的生命形式，地球才逐渐演化成了我们现在看到的这个生意盎然的世界。

生物的起源和进化，还蕴藏着无穷的秘密，等待人们去发现。本书用通俗的语言和精美的图片，试图为读者展示出这个精彩的、不断变化的生命世界。希望读完这本书，读者可以更直观地了解生物进化的历程，有兴趣去探索生命的奥秘。

目 录

不断进化的生物 …………………………………… 1

生物的分类 ………………………………………… 2

史前时期 …………………………………………… 4

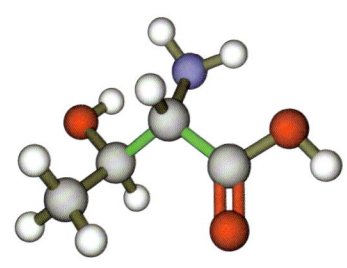

最原始的生命 ……………………………………… 6

最早的植物 ………………………………………… 8

寒武纪生命大爆发 ………………………………… 10

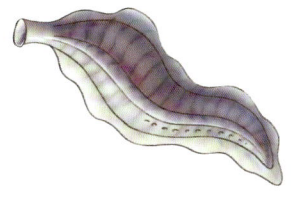

海洋中的霸主 ……………………………………… 12

海洋动物大发展 …………………………………… 14

原始脊椎动物 ……………………………………… 16

最早的陆生植物 …………………………………… 18

蕨类植物的繁盛 …………………………………… 20

苔藓植物出现 ·················· 22

裸子植物出现 ·················· 24

两栖动物登场 ·················· 26

昆虫的繁盛 ···················· 28

早期爬行动物 ·················· 30

鸟类的祖先 ···················· 32

恐龙的世界 ···················· 34

被子植物出现 ·················· 36

地球新霸主 ···················· 38

人类的祖先 ···················· 40

人类的进化 ···················· 42

不断进化的生物

从地球上出现生物起,经过了30多亿年的发展演化,如今形成了多种多样的生命形式。一切生物的发展都会经历从低级到高级、由简单到复杂的过程,这个过程就叫作进化。

生命与非生命的区别

生命与非生命的本质区别在于,生命可以进行新陈代谢,有不断自我更新的能力。生命从外界获取能量,并把自身不需要的废物排出体外,这就是新陈代谢。

什么是生命

通常,我们把具有新陈代谢能力、可以繁殖后代并有遗传能力、可以自己生长发育、对外界刺激能产生反应的生物体叫作生命。

▶ 植物的生长过程

进化过程

地球上的生命都是从结构简单的原始生物进化而来的,它们按照不同的方向发展,出现了微生物、植物和动物。

▼ 人类的进化过程

生物的分类

根据生物之间的相似程度,科学家将生物分成了五个不同的界,分别是原核生物界、原生生物界、真菌界、植物界和动物界。各界下面又按照门、纲、目、科、属、种分成了各个级别。

特殊的生命体

病毒是一种非细胞形态的微生物,形体微小,是一种不具有细胞构造的生命体。它们的构造极其简单,由核酸和蛋白质构成,只有寄生在细胞内才能生存。

▲ 病毒

原核生物

原核生物是由原核细胞构成的单细胞生物,细胞内没有真正的细胞核。这类原始生物包括细菌、支原体和衣原体等原核类微生物。

动物和植物

动物和植物是生物世界中最庞大的两个大类,占据了生物圈面积的大部分。几乎在地球上的每个角落,都有各种动植物的身影。

原生生物

原生生物是最简单的真核生物,细胞内具有以核膜为界限的真正的细胞核,包括一些藻类、原生菌类和草履虫等单细胞动物。

真菌

真菌是一种区分于植物、动物和细菌的真核类生物,是微生物王国中最大的家族。它的成员划分为酵母菌、霉菌和大型真菌三大类。

大型真菌

真菌中有一种大型真菌,长成后长度能达20厘米,甚至更大,是微生物中的"巨人"。这类真菌包括各种蘑菇、木耳以及灵芝、茯苓等。

▲ 灵芝

生物物种

科学家们推测,地球上大概存在着将近1亿种不同的生物物种,而现代科学所发现的还只是其中的一部分。

史前时期

人们以生物的演化为依据,将地球分成太古宙、元古宙和显生宙。显生宙又分为古生代、中生代和新生代。

太古宙和元古宙

太古宙和元古宙从46亿年前到5.4亿年前,占据了地球历史的绝大部分时间,但生物进化却一直停留在低级阶段。

古生代

从5.4亿年前的寒武纪开始,地球进入了古生代。古生代包括寒武纪、奥陶纪、志留纪、泥盆纪、石炭纪、二叠纪,结束于2.5亿年前。

▲ 翼肢鲎是志留纪时期海洋中的大型捕食动物,它长着锋利的大钳,与蜘蛛、蝎子和鲎有亲缘关系

太古宙	元古宙	古生代				
		寒武纪	奥陶纪	志留纪	泥盆纪	石炭纪
简单的细菌类和藻类出现。	蓝藻和细菌开始繁盛,无脊椎动物出现。	多细胞动物出现,无脊椎动物繁盛。	海洋生物繁盛,原始的脊椎动物出现。	原始鱼类和蕨类植物出现。	昆虫、两栖动物出现,鱼类、蕨类繁盛,早期裸子植物出现。	昆虫和两栖动物繁盛,爬行动物出现。

中生代

从 2.5 亿年前的三叠纪开始到 6600 万年前这段时间被称为中生代,包括三叠纪、侏罗纪和白垩纪。

▶ 中生代气候温暖,这一时期爬行动物尤其是恐龙繁衍旺盛,因此又被称为"爬行动物时代"

新生代

6600 万年前至今的新生代是地球历史上最新的一个地质时代,分为古近纪、新近纪和第四纪,这一时期生物逐渐呈现出了现代的面貌。

▲ 第四纪时,人类开始出现,并逐渐发展至现代面貌

显生宙

	中生代			新生代		
叠纪	三叠纪	侏罗纪	白垩纪	古近纪	新近纪	第四纪
裸子植物开始发展。	恐龙出现并迅速大量繁衍,原始哺乳动物出现。	恐龙的鼎盛时期。裸子植物繁盛,鸟类出现。	爬行动物后期急剧减少,被子植物大量出现。	被子植物繁盛,哺乳动物迅速繁衍。	人类的祖先——古猿出现,动植物都接近现代。	人类进化到现代状态。

最原始的生命

大约距今 35 亿年前，地球上出现了最原始的生命。最初的生命还没有完整的细胞，但却蕴含着无限的潜力。它们逐渐演变成单细胞的生物，又进而分化成了多细胞的动植物。

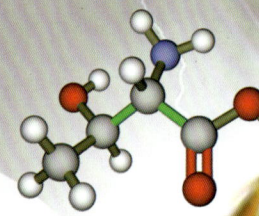

原始地球电闪雷鸣现象不断，在闪电的作用下，空气中的气体反应产生了生物体最基本的化合物，如氨基酸，进而产生了简单的生命形式

生命的诞生

地球形成之初是没有生命的，经过了一段漫长的化学演化，大气中的氢、碳、氧等元素逐渐合成了蛋白质、核酸，生命也随之诞生。

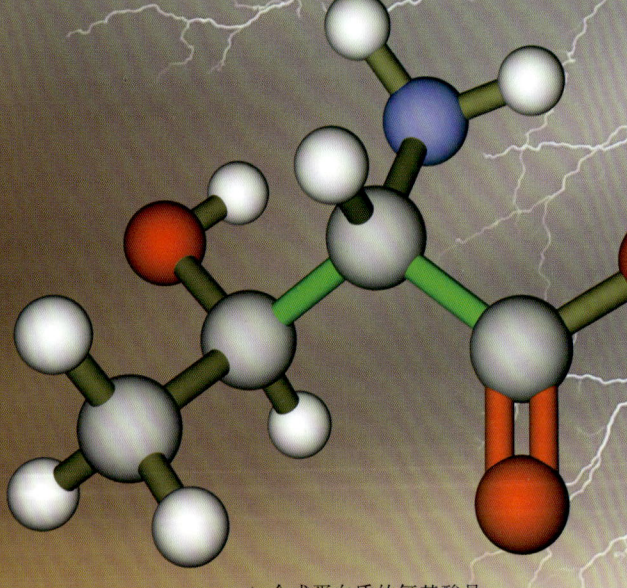

▲ 合成蛋白质的氨基酸是构成生命大厦的基石

重要的碳元素

在原始生命的形成过程中，碳元素起着十分重要的作用，它能和其他元素结合形成多种物质。如果没有碳元素，也就不会有生命了。

蛋白质和核酸

蛋白质和核酸对于生命具有非常重要的作用，只有形成了众多的以蛋白质、核酸为基础的多分子体系，才能出现原始生命的萌芽。

不可或缺的太阳

原始生命的生存演化离不开太阳。在原始海洋中,生命必需的所有化学物质都要在紫外线的照射下才能形成。

海洋中的生物

地球诞生初期,环境非常恶劣,但海洋里有丰富的水资源和相对稳定的环境,所以原始生命最初是生活在海洋中的。

最早的植物

蓝藻是一种最简单、最原始的藻类植物,也是地球上最早出现的绿色植物。在距今约33亿年前,地球上的陆地还是一片荒芜,但海洋中就已经出现了蓝藻的身影。

单细胞生物

蓝藻是一种单细胞的原核生物。蓝藻没有以核膜为界限的真正的细胞核,但细胞中央含有核物质。

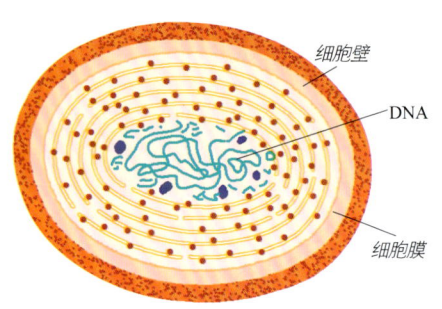

▲ 蓝藻细胞结构

蓝藻暴发

有些蓝藻常于夏季大量繁殖,在水面形成一层蓝绿色的腥臭浮沫,称为"水华"。大规模蓝藻暴发被称为"绿潮",会引起水质恶化,造成鱼类缺氧死亡。

巨大飞跃

蓝藻的出现,在植物进化史上是一个巨大的飞跃,因为蓝藻含有叶绿素,已经能够自己制造养分和独立进行繁殖。

▼ 澳大利亚鲨鱼湾地区的叠层石

叠层石

叠层石是前寒武纪时期,由蓝藻等低等微生物的生命活动所引起的周期性矿物沉淀。在今天的澳大利亚鲨鱼湾地区,还可以看到这种由于藻类繁衍生息所形成的生物遗迹岩石。

蓝藻的颜色

绝大多数蓝藻含有一种特殊的蓝色色素,所以呈现出蓝色,但也有一些蓝藻所含的色素是红色的,因此会呈现出红色来。

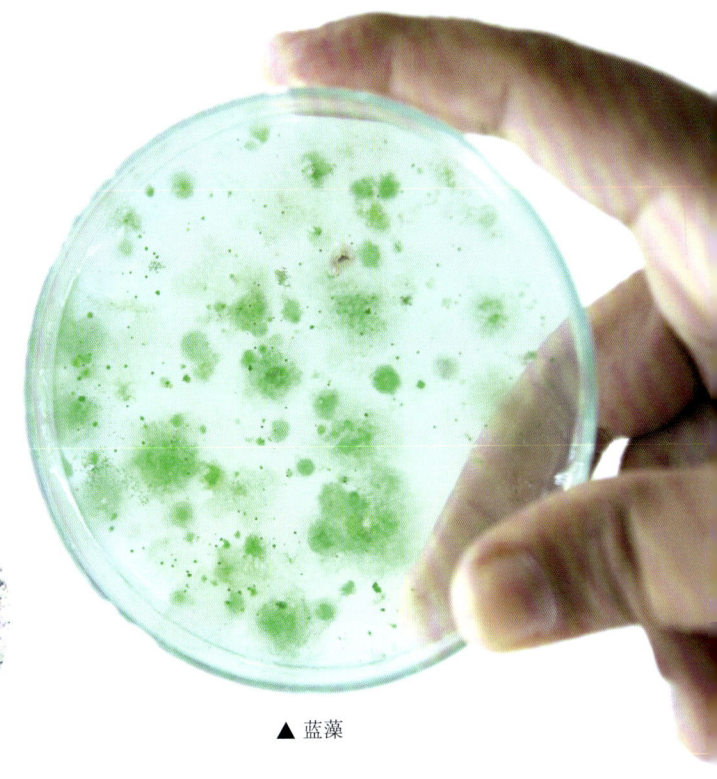

▲ 蓝藻

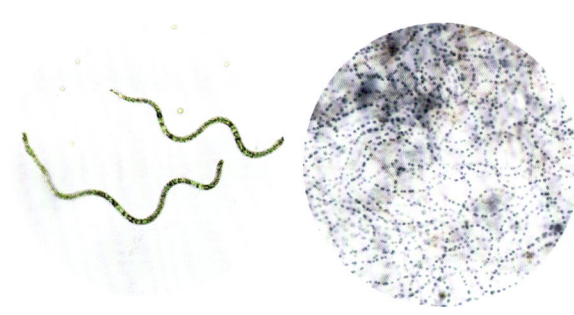

▲ 螺旋藻(左)和念珠藻(右)都属于蓝藻

重要的藻类

藻类植物的出现对生物的进化有着重要的意义,今日地球上郁郁葱葱的树木和美丽多姿的花卉,绝大多数是由藻类植物进化而来的。

多种多样的藻类

褐藻　硅藻　蓝藻　绿藻　红藻

寒武纪生命大爆发

在距今大约5.4亿年前的寒武纪时期，地球上突然涌现出各种各样的多细胞动物，几乎包括所有现代动物类群的祖先，生物学家将此称为"寒武纪生命大爆发"，简称"寒武爆发"。

前寒武纪

尽管早在35亿年前生物就已经出现在地球上，但它们的进化却长期停滞在很低级的阶段，直到"寒武爆发"后，地球才进入了生物大繁荣的新阶段。因此，人们把寒武纪之前那段漫长的历史时期统称为"前寒武纪"。

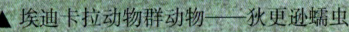
▲ 埃迪卡拉动物群动物——狄更逊蠕虫

埃迪卡拉动物群

1947年，科学家在澳大利亚埃迪卡拉发现了一处动物群化石。化石显示：这些低等无脊椎动物生活在大约6亿年前，是"寒武爆发"的前奏，但它们最终还是灭绝了。

云南澄江生物群

"寒武爆发"的典型代表是我国的云南澄江生物群。这些化石中的动物，生活在约5.3亿年前，再现了当时海洋生命的壮观。成员包括腔肠动物、节肢动物、脊索动物、藻类、海绵等多种生物。

◀ 云南虫有可能是最古老的脊索动物，生活在寒武纪早期的浅海中

终将真相大白

寒武纪各种生命的大爆发，作为地球史上的一大悬案，一直为人们所关注。我们相信，随着化石的不断发现及新理论的建立，这一谜团最终将会大白于天下。

氧含量的影响

有人认为，寒武纪之前藻类植物的光合作用使地球上的氧含量增加，造成了"寒武爆发"，但地质学的研究推翻了这种说法。

有性生殖说

生物学家认为生物有性生殖的出现提供了遗传变异性，也增加了生物的多样性，造成了"寒武纪生命大爆发"。

寒武纪时期海洋中的三叶虫

寒武纪出现的动物

海绵动物、腔肠动物、鳃曳动物、叶足动物、腕足动物、软体动物、节肢动物、棘皮动物、脊索动物等

三叶虫

奇虾

海绵

欧巴宾海蝎

皮卡虫

海洋中的霸主

寒武纪时期，陆地上还是一片荒凉，海洋里却是一派欣欣向荣。这时海里的霸主当推三叶虫，它遍布海洋各个角落，且身体强健，成为名副其实的动物界之王。

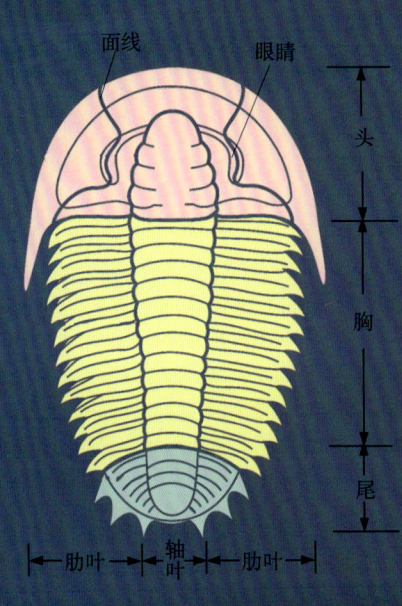

▲三叶虫的身体结构

名字的来源

三叶虫是节肢动物的一种，全身明显分为头、胸、尾三部分，背甲被两条纵向深沟分成大致相等的3片，所以叫作三叶虫。

▼三叶虫

眼睛的秘密

三叶虫种类繁多，大多都有复眼，能帮助它们看清海里的环境；但也有一部分三叶虫没有眼睛，科学家猜测，它们可能居住在深深的海底，那里没有光，所以用不着眼睛。

繁衍生息

到寒武纪晚期时，三叶虫发展到了顶点，在后来2亿多年的漫长历史中，三叶虫生生不息，繁衍出了众多的类群和巨大的数量。

生活环境广

在远古海洋中，三叶虫的生活环境从浅海到深海，非常广阔。几乎在所有今天的大陆上都有三叶虫的化石被发现，它们似乎在所有远古海洋中均有生存。

▶ 各种三叶虫

走向灭绝

进入志留纪后，地球上的环境发生了很大的变化，三叶虫开始走向衰退，到二叠纪末期时完全灭绝。

生长发育

三叶虫从小到大要经过卵、幼虫和成虫三个阶段。幼虫身体很小，头尾区分不明显，也没有胸节。之后，幼虫要经过多次蜕皮，每一次蜕皮都会增加一些胸节，直到长成成虫。

▲ 寒武纪时期的三叶虫

海洋霸主

三叶虫生活在古生代时期的海洋中，它既会游泳又善于爬行，所以从海底到海面，到处都是它的生存范围。

海洋动物大发展

海洋动物在寒武纪时就已经出现，到了奥陶纪更是得到了长足的发展。这一时期，海洋里的无脊椎动物达到了空前繁盛，不仅数量繁多，还出现了许多不同的种类。

带壳的动物

奥陶纪时期，海洋中已经出现了许多不同种类的带壳动物，包括各种各样的贝类、螺类等。

鹦鹉螺

鹦鹉螺在奥陶纪也进入了繁盛时期。当时的鹦鹉螺比现在的要大很多，甚至有好几米长，是奥陶纪海洋中凶猛的肉食动物。

▼鹦鹉螺

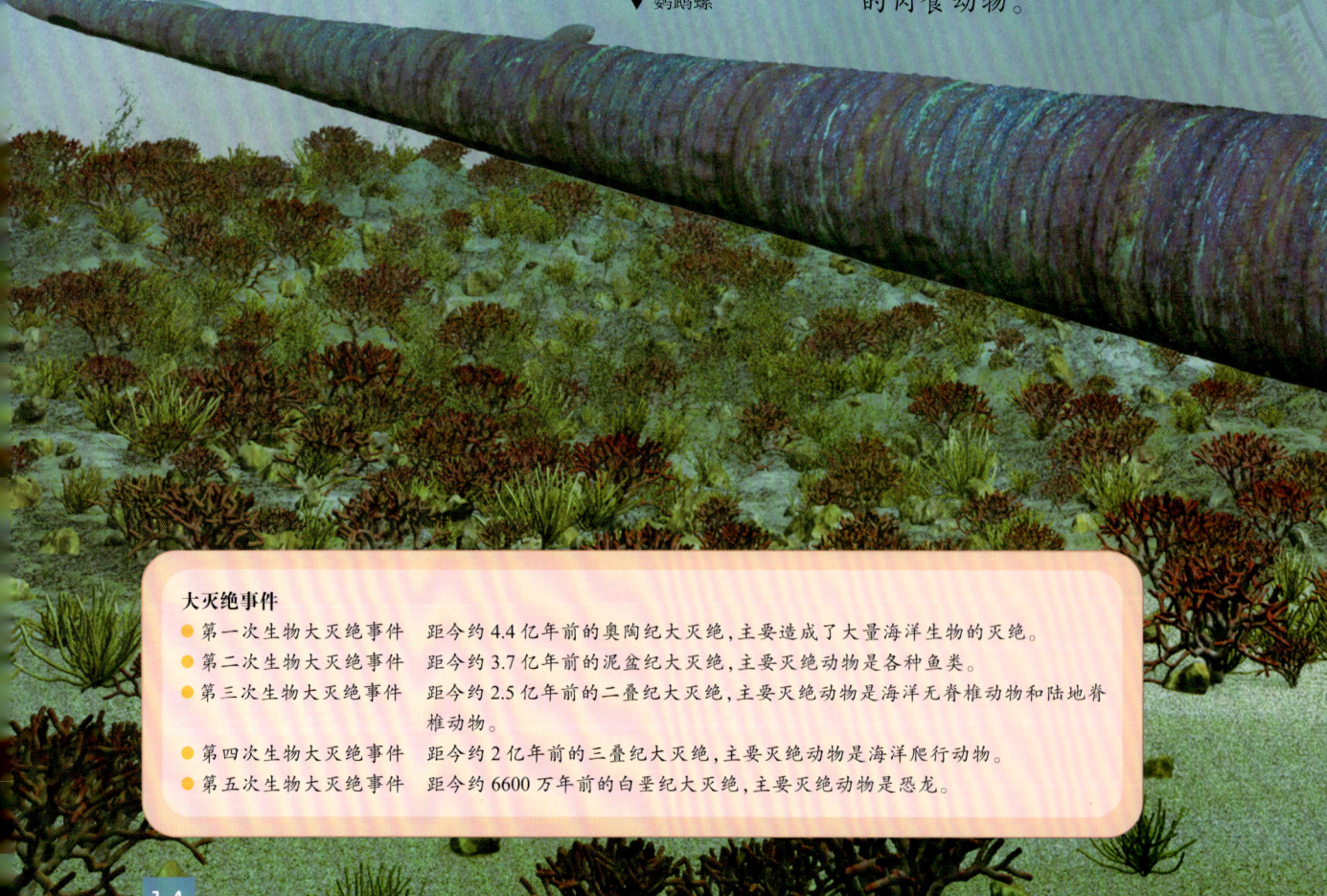

大灭绝事件
- 第一次生物大灭绝事件　距今约4.4亿年前的奥陶纪大灭绝，主要造成了大量海洋生物的灭绝。
- 第二次生物大灭绝事件　距今约3.7亿年前的泥盆纪大灭绝，主要灭绝动物是各种鱼类。
- 第三次生物大灭绝事件　距今约2.5亿年前的二叠纪大灭绝，主要灭绝动物是海洋无脊椎动物和陆地脊椎动物。
- 第四次生物大灭绝事件　距今约2亿年前的三叠纪大灭绝，主要灭绝动物是海洋爬行动物。
- 第五次生物大灭绝事件　距今约6600万年前的白垩纪大灭绝，主要灭绝动物是恐龙。

▲笔石

笔石

奥陶纪时,笔石动物非常繁盛。笔石动物是一种奇特的海洋动物,它们是一群微小的蠕虫状生物,像珊瑚虫一样群体生活。

原始珊瑚

奥陶纪时期,珊瑚开始大量出现。虽然还比较原始,但已经形成了一些小规模的珊瑚礁体。

牙形石

科学家在奥陶纪的地层里发现了许多牙齿形状的化石,它们的形状看起来有点像带齿的耙子或梳子。科学家推测牙形石可能是已经灭绝的海生动物的骨骼或器官形成的微小化石。

原始脊椎动物

古生代时,地球上开始出现最早的脊椎动物——甲胄鱼。甲胄鱼其实算不上真正的鱼,它们比鱼类低等,没有成对的鳍,也没有上下颌骨,是原始的水生鱼形脊椎动物。

繁盛时期

甲胄鱼到泥盆纪时发展到了繁盛时期,这一时期各种各样的化石在世界各地都有发现。

▲甲胄鱼

扭动前进

甲胄鱼生活在海底世界,它们身上披着骨质的甲片,没有胸鳍和腹鳍,游泳能力不是很强,主要靠身体的扭动不断前进。

甲胄鱼的前端包着坚硬的骨质甲片

▲甲胄鱼体形大小不一,小的只有几厘米,大的能有几十厘米

原始森林

石炭纪时期地球上的环境温暖湿润,气候适合蕨类植物生长,所以它们都长得特别茂盛,形成了茂密的森林。

▶ 苔藓

苔藓植物出现

苔藓植物出现于泥盆纪中期，它们大多比较矮小，喜欢生活在阴湿的石头上、泥土表面或树干上。苔藓植物似乎走上了另外一条进化的道路，几亿年来样子都没有太大的变化。

起源之谜

苔藓植物的出现比裸蕨植物晚几千万年，它们很有可能属于同一个祖先。但关于苔藓植物的起源至今还是个未解之谜。

▼ 苔藓植物

重要作用

苔藓植物常常成丛密集生长于阴湿环境中，覆盖在地面上，具有很强的吸水能力，可减少雨水对土壤的冲刷，在防止水土流失方面起着重要的作用。

过渡种类

苔藓植物喜欢阴冷潮湿的环境，繁殖时也离不开水，所以只能生活在离水较近的地方。这表明苔藓植物是植物从水生向陆生进化的过渡种类。

▲ 苔藓植物

低等植物

苔藓植物包括苔和藓两大类，它们的形态和构造都比较简单，没有真正的根，是一种较为低等的植物。

▲ 苔，形态简单，身体通常呈扁平状，贴着地面生长

▲ 藓，比苔高级一些，大多数已经有了略为明显的茎和叶，笔直向上生长

分布广泛

现存苔藓植物分布十分广泛，热带、温带和寒带地区都能见到它们的踪影。人们把主要由成片苔藓植物组成的地区称为苔原。

▶ 北极的苔原风貌

裸子植物出现

当古生代的蕨类植物第一次在地球上形成原始森林的时候，比蕨类植物更高级的裸子植物也在泥盆纪晚期悄然出现。裸子植物是地球上最早的以种子来繁殖的植物。

开始繁盛

古生代二叠纪晚期，蕨类植物逐渐退出了植物王国的中心舞台，裸子植物开始得到发展，并将它的繁盛一直持续到中生代晚期。

◀松果是松树的种子，我们常吃的松子就长在松果里面

现存的裸子植物

现存的裸子植物有不少种类最早出现在新生代古近纪和新近纪时期，它们分布于世界各地，但种类却只有800多种。

银 杏	松 树	柏 树	杉 树
裸子植物的代表，人们称它为"金色的活化石"。银杏树生长很慢，它有个俗名叫"公孙树"，意思是爷爷种下树苗，到孙子辈才能吃到果子。	一种高大的裸子植物，在世界各地都很常见。在北半球温带地区，松树总是成群生长，形成浩瀚的林海。	枝叶浓密的裸子植物，是优良的园林绿化树种，足迹几乎遍布全球，在我国也分布极广。	树干挺直的裸子植物，木质轻柔细致，广泛用于建筑、桥梁、造船、家具等方面。

▲ 松树

家族成员

人们常见的松、杉、柏等树木都属于裸子植物，苏铁也是这个家族的成员之一。

重要的林木

裸子植物是种子植物中较低级的一类。它们都是木本，多为重要的林木，尤其在北半球，森林中80%以上都是裸子植物。

◀ 苏铁

▶ 北美红杉是世界上最高的裸子植物

针叶林

松树、柏树、杉树等裸子植物的叶子呈针状、线状或鳞片状，所以统称为针叶树。由针叶树木组成的针叶林是现存面积最大的森林。

▲ 针叶林

两栖动物登场

两栖动物大约出现在距今约4亿年前的泥盆纪,是由鱼类进化而来的。两栖动物是最原始的陆生脊椎动物,长期的进化使它们既能活跃在陆地上,又能游动于水中。

▲ 总鳍鱼

用肺呼吸

泥盆纪时期,淡水里生活着数量极多的总鳍鱼,大多用肺呼吸。那时候经常发生干旱,所以它们只能利用肺生存下来。

爬上陆地

泥盆纪晚期,地球上已有了大片的陆地。有些长肺的总鳍鱼爬上陆地,逐渐进化成为陆地上的动物,这就是最原始的两栖动物。

现存的两栖动物

与动物界中其他种类相比,地球上现存的两栖动物的物种较少,目前正式被确认的种类有4000多种,可以分为无足目、无尾目和有尾目。

离不开水

两栖动物虽然爬上了陆地,但它们并不能完全脱离水而生存,它们的幼体往往要在水中生活,吃水中的小虫和小鱼。

▲ 泥盆纪时期的两栖动物生活场景

史前两栖动物

笠头螈:生活在二叠纪的两栖动物,它们的长相非常古怪。只看身体,它们像大蜥蜴;可要是只看脑袋,就像一个大大的回旋镖。

◀ 笠头螈

引螈:二叠纪时陆地上最大的动物,出没于溪流、江河与湖泊之中,捕食鱼类及小型爬行动物。

▲ 引螈

两栖动物时代

两栖动物在古生代石炭纪和二叠纪时期非常繁盛,这个时代也被称为两栖动物时代。进入中生代后,现代类型的两栖动物出现了。

昆虫的繁盛

石炭纪时地球上的气候温暖湿润，森林茂密，昆虫也开始繁盛起来。那时候的大气含氧量比现在高，昆虫长得十分巨大，因此石炭纪也被人们称为"巨虫时代"。

体形巨大的原因

昆虫是通过身体中的微型气管直接吸收氧气的。石炭纪时氧气浓度远比现在高得多，高氧气含量就促使它们朝着大个头的方向进化了。

巨脉蜻蜓

巨脉蜻蜓又叫大尾蜻蜓或巨尾蜻蜓，它的双翅展开差不多能有1米长，是地球上出现过的最大的昆虫。

巨型昆虫的天敌

石炭纪时期的巨型昆虫虽然在丛林中十分繁盛，但它们也有天敌，那就是同样体形巨大的两栖动物。那时候的两栖动物能长到两米多长，主要以巨型昆虫为食。

▲ 巨脉蜻蜓

巨型马陆

除了昆虫外,石炭纪时期还有一些别的巨型生物,比如巨型马陆。马陆也叫千足虫,石炭纪时的马陆甚至能长到三米多长。

▲ 石炭纪时期的巨型昆虫

▲ 巨型马陆全身覆盖着坚硬的盔甲,而且体形巨大,所以在当时根本没有什么天敌

石炭纪燃煤事件

石炭纪晚期,地球岩层中的煤炭忽然燃烧起来,大火很快蔓延开来,丛林里的动物无处可躲,遭到了重创。大火熄灭后,大气中的有害气体又造成了许多动物的灭绝,那些巨型昆虫都在这场大灾难中灭绝了。

巨型昆虫

石炭纪时期的巨型昆虫还有很多,比如巨型独角仙、巨型蟑螂等,它们依靠巨大的体形,成为当时丛林的霸主。

▲ 蟑螂

早期爬行动物

最早的爬行动物出现在距今约3亿年前的石炭纪晚期，它们是第一批真正摆脱对水的依赖而且真正征服陆地的变温脊椎动物，可以适应各种不同的陆地生活环境。

陆地生活

与两栖动物不同，爬行动物的皮肤干燥且表面覆盖着保护性的鳞片或坚硬的外壳，这使它们能离开水在陆地上生活。

▲ 早期的爬行动物

▼ 生存于石炭纪晚期的林蜥是已知最古老的爬行动物

冷血动物

大部分的爬行动物不能产生足够的热量以保持体温，必须依靠环境来吸收或散发内部的热量，因此被称为冷血动物或变温动物。

▶ 鳄鱼晒太阳是为了聚集能量，促进新陈代谢，而张开嘴则是为了散热

喜欢温暖

大多数爬行动物生活在温暖的地方，因为它们需要借助太阳和地热来取暖。很多爬行动物栖居在陆地上，但是海龟、海蛇、水蛇和鳄鱼等都生活在水里。

◀ 海龟

▼ 古生代有些爬行动物的体形，可以长到3米长，比如二叠纪时期的异齿龙

异齿龙背上有一个"帆"，科学家猜测可能是用来调节体温的

海洋里的爬行动物	天空中的爬行动物	陆地上的爬行动物
秀尼鱼龙、杯椎鱼龙、狭翼鱼龙、蛇颈龙、薄板龙、克柔龙、长喙龙、沧龙、海王龙	蓓天翼龙、喙嘴翼龙、古魔翼龙、振元翼龙、风神翼龙、无齿翼龙	帝鳄、野猪鳄、地蜥鳄、迅猛鳄、黄昏鳄、湖北鳄
沧龙 / 秀尼鱼龙	蓓天翼龙 / 无齿翼龙	帝鳄 / 野猪鳄

体形增大

早期爬行动物的体形小于同时期的两栖动物，石炭纪末期的小型冰河期使得它们的体形有机会变大。

地球的主宰

到了中生代后，爬行动物逐渐繁盛起来，成了地球的主宰。它们不仅是陆地上的绝对统治者，还统治着海洋和天空。

鸟类的祖先

天空中自由飞翔的鸟类，一直是人们非常羡慕的。古往今来，人们为了研究鸟类的习性和起源，进行了大量的探索。然而，关于鸟类的祖先，人们一直没有找到确定的答案。

始祖鸟化石

1861年，考古人员在德国发现了始祖鸟的化石。始祖鸟生活在侏罗纪时期，很长一段时间都被认为是鸟类的祖先，但现在人们更倾向于认为它其实是一种恐龙。

鸟类的特点

鸟类身上都长着羽毛，而且大体形状都是流线型的，方便在天空飞行。最特别的当然还是它们那坚韧轻巧的翅膀，这是鸟类飞行最得力的工具。不过，并不是所有鸟类都会飞。

▲ 始祖鸟化石

▲ 始祖鸟

鸟类的进化

有人认为鸟类是由爬行动物进化而来的。科学家发现有些恐龙似乎是长有羽毛和翅膀的，或许正是它们中的一支，演化成了最初的鸟类。

▶ 生活在白垩纪的小盗龙同始祖鸟一样，四肢和尾巴长有羽毛，曾被许多古生物学家认为是恐龙和鸟之间的过渡物种

原生鸟化石

1986年，考古学家在美国得克萨斯州发现了一种比始祖鸟还要古老的原生鸟化石，它生活在距今2亿多年前的三叠纪早期。

▶ 原生鸟

可能被否定

如果认为原生鸟是鸟类的祖先，那么鸟类是由爬行动物进化而来的观点将被否定，因为原生鸟在恐龙出现之前就已经存在了。

史前鸟类
黄昏鸟 一种大型水鸟，已经丧失了飞行能力，但潜水能力很强。
鱼鸟 一种海鸟，大小、体重与现在的海鸥相近。

▶ 黄昏鸟

恐龙的世界

恐龙生活在距今大约 2.5 亿年前的三叠纪晚期至 6600 万年前的白垩纪晚期,是能以后肢支撑身体直立行走的一种爬行动物,也是整个中生代时期爬行动物中最庞大的一类。

槽齿动物

在三叠纪时期的爬行动物中,有一些像鳄鱼模样的动物,长着尾巴和强有力的后肢,科学家将它们称为槽齿动物。

◀ 槽齿动物

最早的恐龙

到了三叠纪晚期,一些槽齿动物开始用它们强壮的后肢行走,并且抬起长尾巴保持身体平衡,这就是最早的恐龙。

▲ 板龙是已知地球上最早的以植物为食的巨型恐龙之一

恐龙的种类

中生代时生活于地球上的恐龙很可能在 1000 种以上,但是恐龙时代和我们相距实在太遥远,我们只能通过已发现的化石去了解它们。

恐龙时代

恐龙统治地球达 1.8 亿年之久,活跃在整个中生代三叠纪、侏罗纪和白垩纪时期,因此中生代又被称为"恐龙时代"。

恐龙灭绝之谜

恐龙在地球上繁盛了1亿多年,但是不知道什么原因,大约在6600万年前,它们忽然在很短的时间里灭绝了。关于灭绝的原因,人们提出了种种说法,但至今仍没有定论。

中生代爬行动物

中生代的爬行动物大部分都灭绝了,一部分存留下来成为现在的爬行动物,如龟鳖类、蛇类、鳄类等;还有一部分进化成了现在的哺乳动物。

▶ 中生代恐龙

恐龙灭绝原因假说

● **小行星撞击说** 认为当时一颗小行星与地球相撞,改变了地球环境,造成了恐龙的灭绝。

● **植物进化说** 认为开花植物取代了恐龙喜欢的裸子植物,恐龙无法适应,最后被饿死。

● **超新星爆炸说** 认为临近地球的超新星爆炸发出巨大能量,改变了地球的温度,使习惯于热带性气候的恐龙无法生活,最后灭绝了。

▲ 小行星撞击说

被子植物出现

在中生代白垩纪后期，地球上出现了被子植物。被子植物不仅会开花，还靠花粉传播来繁殖后代。被子植物迅速繁殖兴盛起来，成为新生代以来地球上最主要的植物。

显花植物

被子植物也叫显花植物，它们拥有真正的花，这些美丽的花是它们繁殖后代的重要器官，也是它们区别于其他植物的显著特征。

古老的被子植物
生长在1.3亿年前的辽宁古果是一种被子植物。它能开出美丽的花朵，并用果实来保护种子，这种生殖方式非常先进，让它们能顺利地繁衍壮大。

▲ 被子植物都有真正的花

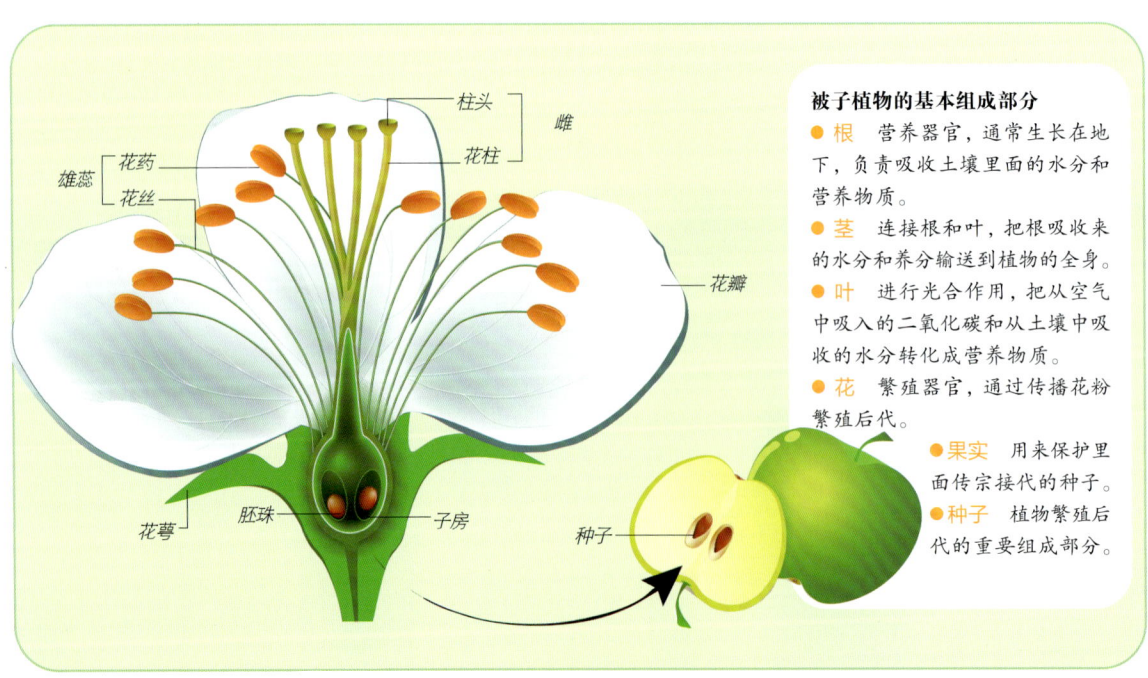

被子植物的基本组成部分
- **根** 营养器官，通常生长在地下，负责吸收土壤里面的水分和营养物质。
- **茎** 连接根和叶，把根吸收来的水分和养分输送到植物的全身。
- **叶** 进行光合作用，把从空气中吸入的二氧化碳和从土壤中吸收的水分转化成营养物质。
- **花** 繁殖器官，通过传播花粉繁殖后代。
- **果实** 用来保护里面传宗接代的种子。
- **种子** 植物繁殖后代的重要组成部分。

种类繁多

现存的被子植物有 30 多万种,我们熟悉的各种美丽的鲜花、瓜果和蔬菜等都属于被子植物。

▲ 各种蔬菜

差别很大

被子植物种类多样,习性、形态等的差别也很大,从矮小的高山植物雪莲,到巨大的乔木桉树,都是被子植物。

▲ 被子植物的果实和种子

促进人及动物发展

被子植物果实和种子中贮存的高能量,使得直接或间接依赖植物为生的人及动物也获得了相应的发展,迅速繁盛起来。

▼ 菊科是被子植物中种类最多的一科,它最重要的特征是由许多小花簇拥在一起,形成美丽的头状花序,使昆虫很容易发现传粉的目标

地球新霸主

白垩纪末期,恐龙从世界上消失了。恐龙的灭绝对于古老的哺乳动物来说真是天赐良机,它们度过了这场危难,大量繁衍并迅速取代了恐龙的位置,成为地球新一代的霸主。

长毛的小动物

在恐龙称霸时期,有一些从最初的爬行动物发展而来的小动物开始活跃起来。它们只有老鼠那么大,遍身长毛,血是温热的。

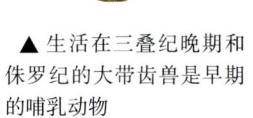

▲生活在三叠纪晚期和侏罗纪的大带齿兽是早期的哺乳动物

古老的哺乳动物

恐龙灭绝后,这些新兴的小动物得到了很大的发展,它们就是最古老的哺乳动物。人们又将它们称为恒温动物。

▲兽齿类是爬行动物向哺乳动物发展的一个重要类群。它们很像哺乳动物,已有了牙齿的分化,并且可能已经身披毛发,是恒温动物了

迅速壮大

白垩纪晚期,大陆漂移和海平面的下降为哺乳动物提供了新的生活空间,恐龙的灭绝又让它们少了生存的天敌,因此,哺乳动物迅速壮大了起来。

▲姜氏兽是二叠纪一种大型草食性兽齿类动物

早期哺乳动物

在距今约2亿年前的三叠纪晚期,早期的哺乳动物就几乎与恐龙在同一时期出现了。不过那时的地球陆地还是恐龙的天下,这些体形相对微小的动物显得十分微不足道。

▼生活在中新世至更新世时期的大型猫科动物——剑齿虎

最高等的动物

哺乳动物是动物世界中形态结构最高等、生理机能最完善的类别。它们最突出的特征是幼仔由母体分泌的乳汁喂养长大。

▲ 哺乳动物

最原始的哺乳动物——鸭嘴兽

最古老、最低等而又十分原始的哺乳动物,早在2500万年前就出现了。鸭嘴兽具有哺乳动物的基本特征,却又保留着爬行动物的卵生习性,且不是恒温动物。

会飞的哺乳动物——蝙蝠

唯一真正能够飞翔的兽类,飞行器官是它们独特的翼手。蝙蝠可能起源于一种原始的真兽类。最早的蝙蝠化石发现在新生代始新世,那时的蝙蝠已完全适应了飞行。

▶ 猛犸

人类的祖先

古猿是人类的早期祖先,科学家发现了很多古猿的化石,它们与人有着相似的骨骼特征,但又有一些不同。从这些化石,我们可以推测出人是由古猿进化而来的。

共同祖先

人类是从一种古猿发展而来的,近几十年来在许多地区发现的森林古猿、腊玛古猿和南方古猿被认为是现代类人猿和人类的共同祖先。

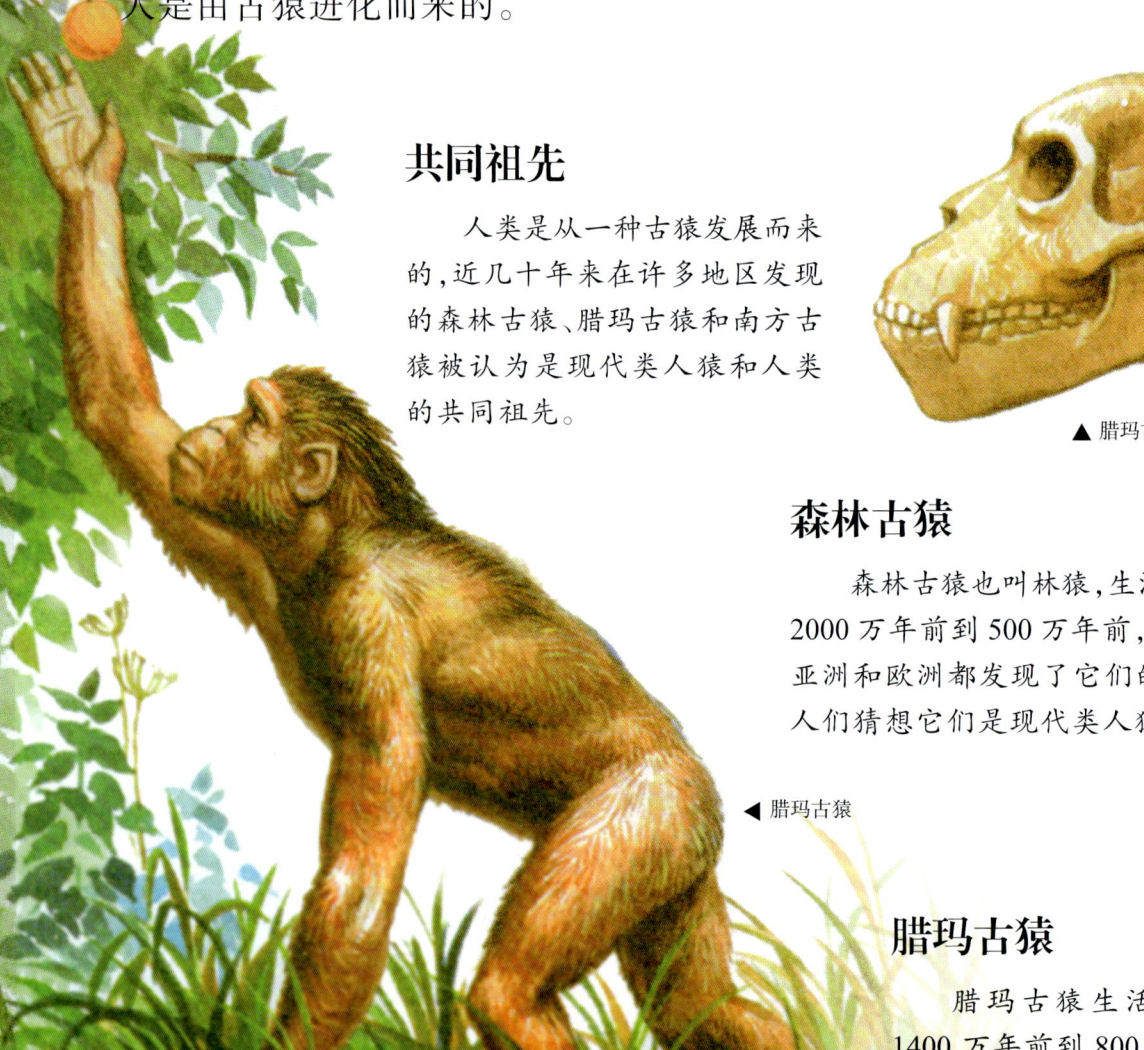

▲ 腊玛古猿头骨

森林古猿

森林古猿也叫林猿,生活在距今2000万年前到500万年前,在非洲、亚洲和欧洲都发现了它们的踪迹。人们猜想它们是现代类人猿的直系

◀ 腊玛古猿

腊玛古猿

腊玛古猿生活在距今1400万年前到800万年前,它们主要生活在森林地带,以野果和嫩草为食,已经开始用石头来作为简单的工具。

南方古猿

大约在距今500万年前,地球上出现了一种大型的灵长类动物——南方古猿,此后,原始人类逐渐从猿类中分离出来。

▶ 南方古猿

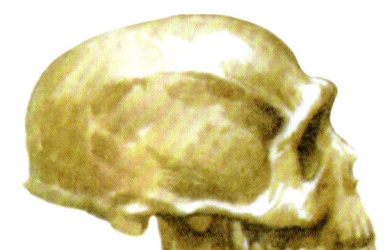

▲ 南方古猿头骨

最初的人类

南方古猿的牙齿、头颅、髋骨等已经和猿类有了显著的差别,和人类比较接近。而且,南方古猿还会使用工具并直立行走,所以它们已经是最初的原始人类了。

亲缘关系

科学家发现,南方古猿与黑猩猩之间可能有着很近的亲缘关系。南方古猿会和黑猩猩一样,使用一些简单的石头或木棍工具,但可能还不会自己制造工具。

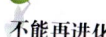

不能再进化

由于历史等因素,现在的猿已经向一定方向专门化发展,变得离人类走过的道路越来越远,不可能再进化成人了。

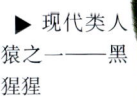

▶ 现代类人猿之一——黑猩猩

人类的进化

人类是由古猿进化而来的，科学家认为人类的进化共经历了四个阶段：南方古猿—能人—直立人—智人。其中智人又包括早期智人和晚期智人阶段。

能人

介于南方古猿和直立人之间的古人类，大约生活在 200 万年前到 175 万年前，也是最早能制造石器工具的人类。

▲ 能人

著名的人类化石

1974 年，美国科学家在埃塞俄比亚发现了"露西"的化石。"露西"是生活在距今约 320 万年前的古人类，被称为"人类的祖母"。

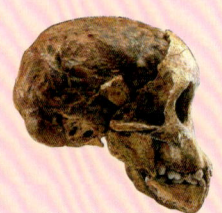

▲ 汤恩幼儿遗骸

1924 年，人们在南非汤恩石灰岩采石场发现了一个小孩不完整的头骨化石，称之为"汤恩幼儿"。他生活在大约 250 万年前，同时具有猿和人的特征。

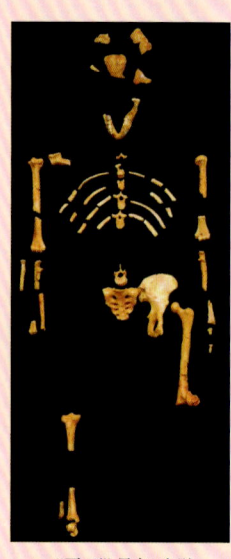

▲ "露西"骨架遗骸

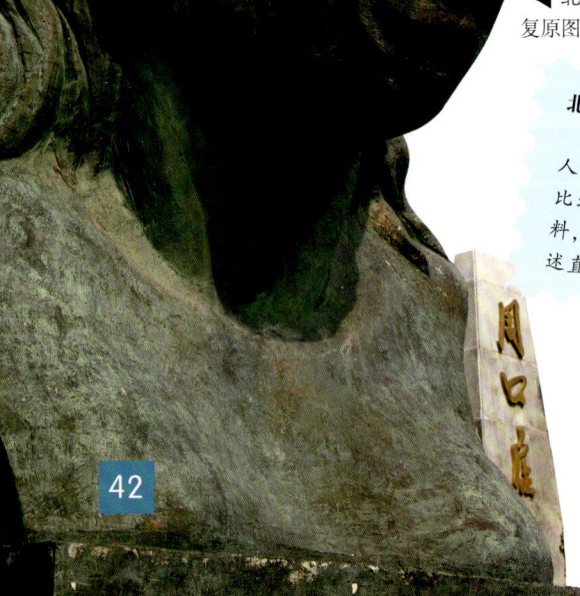

◀ 北京猿人复原图

北京猿人

北京猿人是最著名的直立人，世界上没有一个地方发现过比北京猿人更丰富的直立人资料，因此北京猿人一直被当作描述直立人的典型标本来使用。

直立人

直立人已经能够完全直立行走，也能制造各种石器。科学家推测直立人已经能够利用火。

▲ 智人

智人

生活在25万年前到1万年之前的人类，在解剖意义上已经和现代人没有什么区别了，所以统称为智人。智人在体质和文明程度上都比直立人进步。

早期智人

早期智人是指尼安德特人，它们的体质介于直立人和现代人之间，有很大的脑容量。

晚期智人

晚期智人出现在大约距今3.5万年前，他们的身体构造已经基本上与现代人一样。法国的克罗马农人是欧洲晚期智人的代表。

▶ 晚期智人开始有了创造性思维和意识

图书在版编目（CIP）数据

我的第一套视觉百科. 生物的进化：精装 / 张功学主编. -- 西安：未来出版社，2017.12（2023.4 重印）
ISBN 978-7-5417-6376-2

Ⅰ. ①我… Ⅱ. ①张… Ⅲ. ①科学知识—少儿读物②生物—进化—少儿读物 Ⅳ. ①Z228.1②Q11-49

中国版本图书馆 CIP 数据核字（2017）第 316906 号

我的第一套视觉百科（精装）
WO DE DIYI TAO SHIJUE BAIKE

生物的进化
SHENGWU DE JINHUA

主　　编	张功学
丛书统筹	魏广振
责任编辑	王小莉
美术编辑	许　歌
出版发行	未来出版社发行
地　　址	西安市雁塔区登高路 1388 号　邮编：710082
电　　话	029-89122853
开　　本	889 mm × 1194 mm　1/16
印　　张	3.5
字　　数	60 千
印　　刷	万卷书坊印刷（天津）有限公司
版　　次	2018 年 4 月第 1 版
印　　次	2023 年 4 月第 3 次印刷
书　　号	ISBN 978-7-5417-6376-2
定　　价	39.80 元

版权所有　侵权必究